Verliebt? Verkracht? Versöhnt?
Das totale

# EHEGLÜCK!

Der längst überfällige Ratgeber,
der zeigt, wie man/frau
auch nach der Hochzeit
glücklich bleibt.

Von Günter André
mit Zeichnungen von
Gerold Paulus

## TIPS & TRICKS EHEGLÜCK

# A

### Abendröte

Poetische Bezeichnung für das allabendlich auf den Gesichtern jener Männer zu beobachtende Naturschauspiel, die von ihren Frauen beim heimlichen Anschauen eines Sexfilms ertappt werden.

### Der gutgemeinte Ehemann-Rat:

**Machen Sie Schluß mit der Geheimniskrämerei. Erklären Sie Ihrem Zuckerhasen, daß es auch in seinem Interesse ist, wenn Sie sich von Zeit zu Zeit *theoretisch* bewußt machen, daß auch andere Frauen im entkleideten Zustand nur *einen* Busen und *einen* Hintern haben. Nützt das nichts, können Sie immer noch den reuigen Sünder spielen (und sich hinterher einen Videorecorder kaufen).**

### Alleinurlaub

D-Zug zum Scheidungsgericht. Menschenskind, seien Sie nie so blöd, Ihren Partner allein in Urlaub rauschen zu lassen. Jede Wette, daß er am Urlaubsort auf jemanden trifft, der sich von Ihnen dadurch unterscheidet, daß er immer Zeit hat, stets so gut gelaunt ist, als hätte er gerade Urlaub, und sich überhaupt so verhält, als wäre er nicht schon jahrelang verheiratet. Zack, und schon können Sie Ihre Suppe künftig allein schlürfen! Denn Ihr Partner zieht zu seiner Urlaubsflamme, bei der er genau so lange bleiben wird, bis er das

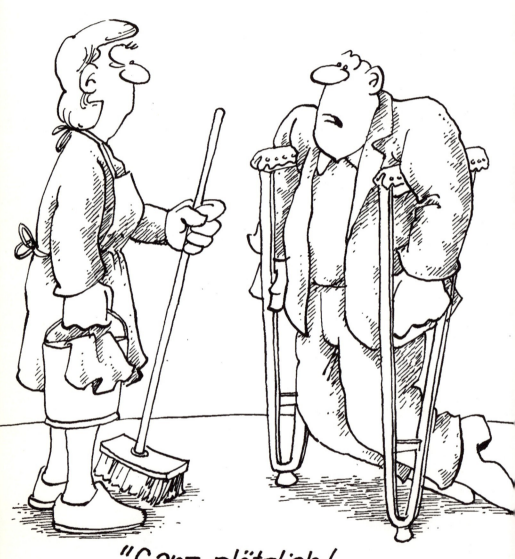

"Ganz plötzlich! Eine totale Gefühllosigkeit!"

## TIPS & TRICKS EHEGLÜCK

nächste Mal allein in Urlaub fährt, wieder jemanden kennenlernt und sich dasselbe Spielchen wiederholt.

## Wir warnen:

**Glauben Sie bloß nicht, Sie würden vielleicht Geld sparen, wenn Sie Ihren Partner alleine in Urlaub fahren lassen. Blauäugiges Seelchen! Denn schon allein mit den Portokosten der vielen Briefe, die Sie ihm, dem Anwalt und dem Scheidungsgericht hinterher werden schreiben müssen, könnten Sie locker einen gemeinsamen zweiwöchigen Urlaub an der Adria, einen zweijährigen Urlaub im Libanon oder auch einen zweistündigen Aufenthalt im Nachbarland Schweiz finanzieren!**

## Arbeitsteilung

In der guten alten Zeit, als die Welt noch nicht aus den Fugen geraten war und alles noch seine Ordnung hatte, war die Arbeitsteilung innerhalb einer Ehe noch völlig unproblematisch: Der Mann war zuständig für Geldsachen, Zeitunglesen, Zigarrenrauchen, Rummosern, Anmeckern und Seitensprünge. Die Frau für Hausarbeit, Bewunderung, Dankbarkeit und Mundhalten. Nun aber, wo es bezahlte Arbeitsplätze für Frauen, Frauenkneipen, Frauenwahlrecht und dergleichen Ungeheuerlichkeiten mehr gibt, ist die Aufteilung der Hausarbeit in vielen Ehen ein heißer Konfliktstoff.

## Der engagierte Ehefrauen-Tip:

**Wenn Sie berufstätig sind und Ihr werter Pantoffelträger noch immer nicht geblickt**

## TIPS & TRICKS EHEGLÜCK

hat, daß das Zeitalter der Herrschaft des Mannes über die Frau vorbei ist, sollten Sie ihm früh genug klarmachen, daß er genau zwei Möglichkeiten hat: 1. Er verdient genug Geld, um eine Haushälterin zu löhnen, oder 2. für jede Kartoffel, die Sie schälen, stopft er 'nen Strumpf.

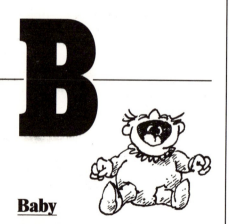

### Baby

Pausbäckiger Wendepunkt einer Ehe. Ja, das hatten Sie sich alles so schön vorgestellt: Irgendwann mal 'n flottes Baby vom Stapel lassen, dasselbe dreimal am Tag knuddeln, zweimal in der Woche frisch machen und die übrige Zeit mit 'nem Schnuller im Mund im Bettchen oder Laufstall parken. Täglicher Arbeitsaufwand: 25 Minuten. In dieser Weise abwarten, bis es groß und stark geworden ist, gute Schulnoten nach Hause bringt und seinen Eltern zu Weihnachten tolle Geschenke macht. Easy livin'. Aber dann kam alles anders: 24-Stunden-Bereitschaft, keine Nacht mehr als vier Stunden Schlaf, zur Verfügung stehen und dienen, wann immer der kleine Racker es wünscht.

### Babykenner wissen:

**Babys sind Gewaltherrscher. Diskussionen gibt es bei ihnen nicht. Wenn sie etwas wollen, wollen sie es. Spuren Sie nicht, wird Ihnen Ihre Widerspenstigkeit**

**TIPS & TRICKS EHEGLÜCK**

nicht etwa mit Prügeln ausgetrieben. Viel schlimmer! Das Baby-Strafgesetzbuch kennt eine wesentlich grausamere Strafe für Befehlsverweigerung: herzerweichendes, endloses Geheul.

## Bett

Mehrzweckmöbel, das den Höhepunkt seiner Beanspruchung im ersten Ehemonat erfährt. Seine vielfältigen Nutzungsmöglichkeiten geraten mit zunehmender Ehedauer erfahrungsgemäß mehr und mehr in Vergessenheit (siehe Sex). In vielen Ehen überwiegt bald die einfache Nutzung als Nachtlager. Dazu, daß es auch tagsüber genutzt wird, kommt es nur noch in sehr speziellen Fällen: So etwa durch den Ehemann, wenn die Ehefrau längere Zeit verreist ist und sich in der Küche das schmutzige Geschirr stapelt, oder durch die Ehefrau, wenn der Ehemann längere Zeit verreist ist und sich im Schlafzimmer die Versandhauskataloge und Bestellscheine stapeln.

### Die Wissenschaft weiß:

**Der schleichende Bedeutungsverlust des Bettes als Luststätte ist ein Zeichen dafür, daß Ihre Ehe vollkommen normal ist und Ihr Körper typisch reagiert. Denn die ruhige und gediegene Atmosphäre einer intakten Ehe wirkt auf die Hormonproduktion des Menschen etwa so anregend wie ein längerer Aufenthalt in einer Gefriertruhe (siehe Sex).**

## TIPS & TRICKS **EHEGLÜCK**

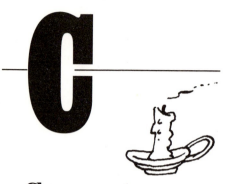

### Chancen, vertane

Geistiges Fotoalbum, in dem Menschen in der Regel dann blättern, wenn sie mit ihrem Ehepartner unzufrieden sind.
a) Ehemänner-Alben: z.B. Bilder von Frauen, die ihrem Mann strahlend das Abendessen vor der Glotze servieren, während sie mit der anderen Hand seine Brust massieren und mit den Füßen die Sportseite der Tageszeitung aufblättern; Bilder von Schwiegereltern, die nach Australien ausgewandert sind; Bilder von Fernsehern, die stets Sport zeigen usw.
b) Ehefrauen-Alben: z.B. Bilder von Männern, die ihrer Frau strahlend das Frühstück am Bett servieren und dabei das tägliche neue Kleid überreichen und ein Liebesgedicht aufsagen; Bilder von stets sauberen, aufgeräumten Zimmern; Bilder von ungeplünderten Kühlschränken usw.

### Unser Rat:

**Wenn Sie bis unter die Haarwurzeln down sind, nachdem Sie im Album der vertanen Chancen geblättert haben, sollten Sie gleich darauf das Es-hätte-schlimmer-kommen-können-Album herauskramen. Wetten: Sobald Ihnen Hannelore Kohl, Heino oder Hella von Sinnen vor die Linse kommen, sind Sie high wie ein Junkie, der auf einem Rosenblatt zu Janis Joplin oder Jimi Hendrix segelt, wenn Sie an Ihren Partner denken.**

"Ich küsse dich, mein Prinz!"

# TIPS & TRICKS EHEGLÜCK

## Durchsetzungsvermögen

Jede Ehe ist ein permanenter Machtkampf. Ganz egal, ob zentrale Fragen zur Entscheidung anstehen, die den innersten Kern einer Partnerschaft berühren (wie die, wann der nächste Schwiegerelternbesuch stattfindet), oder ob eher nebensächliche Entscheidungen zu fällen sind (wie jene über die Zahl der Kinder) – in den meisten Fällen setzt sich ein Partner mehr durch als der andere. Zwar ist's im Grunde bedauerlich, daß sogar in der Ehe noch einer den anderen übertrumpft. Aber solange Sie der eine sind und Ihr Partner der andere, ist daran nichts auszusetzen.

## Aufgepaßt:

**Wenn Sie mit 'nem Streithammel verheiratet sind, der immer seinen Willen kriegen muß: In wichtigen Fragen stets das Gegenteil von dem verlangen, was Sie wirklich wollen! Dann nachgeben. Folge: Ihr Partner wird stolz sein wie ein geschmücktes Pferd beim Sonntagsausflug, weil er mal wieder klar gemacht hat, wo's langgeht (haha!), und Sie werden stolz sein wie ein Zirkusdompteur, der seinen ersten Esel dressiert hat.**

# TIPS & TRICKS EHEGLÜCK

## Ehe

Kampf- und Streitgemeinschaft. Während die Ehepartner in früheren Jahrhunderten gemeinsam gegen die Unbilden des Lebens wie Naturkatastrophen, Hungersnöte oder umherstreunende Soldatenhorden kämpften, kämpfen sie heute mangels Alternativen vorwiegend gegen sich selbst. Dabei gelten folgende Gewinnregeln:
a) Erweist sich die Frau als die Stärkere, gilt der Mann als Verlierer und die Kneipe an der nächsten Ecke als Gewinner.
b) Erweist sich der Mann als der Stärkere, ist die Frau die Verliererin und der Sender mit den meisten Sportübertragungen der Gewinner.
c) Erweisen sich die Ehepartner als gleich stark, sind die Kinder die Verlierer und die Scheidungsanwälte die Gewinner.

## Klagen Sie nicht:

**Ihre Vorfahren haben mit blutrünstigen Säbelzahntigern und Höhlenbären gekämpft, unsere Urahnen in den teutonischen Wäldern gegen die römischen Invasoren, unsere Väter und Großväter monatelang in klirrender Kälte bei Stalingrad gelegen – Sie haben geheiratet. Wo ist der Unterschied? Jede Generation hat zu kämpfen. Such is life.**

## Eifersucht

Mal ehrlich: Was empfinden Sie, wenn auf 'ner Party irgendein blöder Gockel mit einem

"Hab' ich den Burschen endlich, der meiner Frau immer Briefe bringt!"

## TIPS & TRICKS EHEGLÜCK

Kreuz wie Arnie Schwarzenegger (irgendeine Ziege mit einem Dekolleté wie die Schweizer Berge) unentwegt um Ihr Marzipanhäschen herumturnt? Hoffnung und ein Vorgefühl von Freiheit? – Na, Ihre Ehe muß ja 'ne schöne Maloche sein, Sie Schlawiner. Eine von Minute zu Minute wachsende Wut auf diese Saftnase? – Ihr Gefühlsleben arbeitet normal und gesund. Das unwiderstehliche Verlangen, den Sexualverbrecher im nächsten Moment an der Gurgel zu packen und ihn kostenlos in der Kloschüssel duschen zu lassen? – Wohl aus Sizilien, was?!

### Der Kfz-Tip:

**Die Eifersucht ist eine Art Tachometer, der den Grad der Liebe zum Partner anzeigt, die durch den harten Ehealltag noch nicht abgetötet wurde. Wenn Ihre Tacho-Nadel allerdings schon bei der kleinsten Gelegenheit gegen den Rand knallt, gibt's keinen Grund, sich einzubilden, Sie hätten ein liebendes Herz so groß wie Mutter Teresa. Vielmehr sollten Sie Ihr Getriebe mal überprüfen lassen!**

### Familienplanung

Geheimwissenschaft, die von modernen Ehepaaren oft bis zum Exzeß betrieben wird. Immer öfter sieht die (gutgemeinte) Familienplanung deutscher Ehepaare wie folgt aus: erst mal sieben Jahre Studium,

# TIPS & TRICKS EHEGLÜCK

dann noch drei Jahre Promotion oder sonstige Weiterqualifizierung, dann wenigstens noch zwei Jahre Berufserfahrung und schließlich drei weitere Jahre Beruf, um eine finanzielle Grundlage für den Häusle-Bau oder -Kauf zu bekommen. Und dann, mit achtunddreißig, wenn man vielleicht endlich soweit wäre, stellt man erschrocken fest, daß das einzige Wesen, um das man die Familie dank gewisser unabänderlicher biologischer Tatsachen noch erweitern könnte, eine Katze oder ein Goldfisch ist.

## Insider wissen:

**Kinder kann man mit Glück bis Ende dreißig kriegen, Haustiere bis Ende neunzig. Spricht letzteres eindeutig für das Haustier, so braucht man freilich auch jemand, der sich darum kümmert. Ideal ist daher: Kinder mit achtundzwanzig, Hunde, Katzen und Fische mit sechsunddreißig!**

## Fernseher

Zentrales Standbein einer Langzeitehe, denn in vielen Fällen gelingt es heute nur noch dem Fernseher, eine Ehe intakt zu halten: Er sorgt für die gemeinsame Freizeitgestaltung, er erzieht die Kinder und er liefert den Sex. So gibt es nicht wenige Experten, die behaupten: je besser der Fernseher, je dauerhafter die Ehe. Als Faustregel gelte: kleiner Schwarzweißfernseher – durchschnittliche Ehedauer: bis zum ersten Schwiegermutterbesuch; großer Farbfernseher mit Kabelanschluß – durchschnittliche Ehedauer: bis zum Tod eines Ehepartners oder zum ersten mehrstündigen Stromausfall.

## TIPS & TRICKS EHEGLÜCK

### Insider warnen:

**Wenn auch bei Ihnen die Kohle nicht im Garten wächst, sparen Sie an der richtigen Stelle: Statt goldener Ringe tun es auch gold gefärbte Drahtkringel, statt eines handgefertigten Brautkleides genügt ein Bettlaken mit Armlöchern und statt einer Hochzeitsfeier eine Einladung zum gemeinsamen Beeren- und Kräutersuchen im Stadtwald. Hauptsache, die Glotze stimmt.**

### Freiräume

Selbst der euphorischste Ehefreak erreicht irgendwann einmal den Punkt, wo er sich wünscht, eine gewisse Zeit lang Urlaub von der Ehe machen zu können. Die meisten denken dabei an 2-10 Stunden pro Woche, manche an 40-50 Jahre am Stück. Ehe*männer* kennen den Wunsch nach solchen Freiräumen seit jeher und haben sich im Laufe der Jahrhunderte ein weitverzweigtes Netz an ehefrauenfreien Zonen geschaffen: Skatclubs, Stammtische, Fußballstadien, Sex-Kinos etc. Viele Ehe*frauen* sind demgegenüber bis heute nicht über Kaffeekränzchen hinausgekommen, die sie teilweise sogar noch verschämt als „Tupperware-Abende" oder „Mutter-und-Kind-Treffs" tarnen.

### Der Survival-Tip:

**Eine Ehe ohne Freiräume ist wie eine Käserei ohne Lüftungsschächte. Irgendwann ist die Luft schließlich so dick geworden, daß es für die Anwesenden nur noch zwei Möglichkeiten gibt: zugrunde gehen oder ganz schnell ins Freie flüchten.**

TIPS & TRICKS **EHEGLÜCK**

## Freunde

Wenn eine Ehe gegründet wird, bringen beide Partner etwas in die neue Lebensgemeinschaft ein: ihre Ersparnisse und Möbel, ihre Familie, ihre Erbkrankheiten, ihre Launen und Laster, ihre besondere Technik, in der Margarine rumzupulen – und nicht zuletzt auch ihre Freunde. Und das ist oft'n Schocker! Nicht daß man nicht gewußt hätte, mit welch peinlichen Gestalten der Partner bisher seine freie Zeit totgeschlagen hat. Aber nun drohen die Freunde des andern auch die eigenen zu werden. *Er* aber findet *ihre* Freunde womöglich so aufregend wie einen Dokumentarfilm über das Sexualleben von Hauspantoffeln, und *Sie seine* Kumpel so gefühlvoll wie wandernde Bierbehälter.

### Achtung:

**Nie vor unliebsamen Freunden Reißaus neh-**  **men! Stets in die Gegenoffensive gehen. Laden Sie die Kumpels Ihres Mannes regelmäßig zu Kaffee und Kuchen ein bzw. die Freundinnen Ihrer Frau zu tollen Fußball-Europapokal-Abenden. Irgendwie löst sich das Problem dann schon von selbst..**

— **G** —

## Geschenke, gegenseitige

Präzise Ehedauer-Anzeige. So ist es eine Tatsache, daß die gegenseitigen Geschenke mit zunehmender Ehedauer immer seltener werden und oft schließlich ganz ausbleiben. Das hat viele Gründe. Der ent-

## TIPS & TRICKS EHEGLÜCK

scheidende aber ist sicherlich der, daß in einem dichtbesiedelten Land wie der Bundesrepublik allgemeine Raumnot herrscht. Welche deutsche Ehefrau hat in ihrem Badeschränkchen nach zwanzig Ehejahren denn noch Platz für das einundzwanzigste entzükkende Kosmetik-Set, welcher Mann in seinem Badefach noch Platz für das einundzwanzigste liebevolle Rasier-Etui?

### Wir merken uns:

**Die Suche nach neuen originellen Geschenken entwickelt sich mit der Zeit zu einer der aufreibendsten Ehepflichten überhaupt. Schließen Sie deshalb mit Ihrem Goldfischchen frühzeitig ein offizielles Geschenkstillstandsabkommen.**

### Haus, eigenes

Traum, den junge Paare für gewöhnlich zusammen mit den Eheringen erstehen. Zu einer eigenen Hütte kommen Sie auf zweierlei Weise: bequem und kostenlos durch Erbschaft oder indem Sie rackern wie die Pferde, um eines Tages genügend Kohle beisammen zu haben, sich eine zu bauen oder zu kaufen. Wenn für Sie nur der zweite Weg in Frage kommt, sollten Sie sich allerdings fragen, ob es nicht billiger wäre, sich darauf zu beschränken, jeden Abend eine Kiste Schampus zu leeren. Denn das Resultat ist in vielen Fällen dasselbe: allmählicher Ruin aller Kräfte.

## TIPS & TRICKS EHEGLÜCK

### Kurzum:

Der Bau eines Eigenheims ist eine satte Energieleistung. Wenn Sie aber eher faul und bequem sind und Ihre Ruhe wollen, sollten Sie einen Hausbau nur in zwei Fällen erwägen:
a) Der Ofen, in dem Sie Ihre überzähligen Geldscheine normalerweise verbrennen, ist seit längerem defekt. Sie wissen einfach nicht mehr, wohin mit Ihrem Geld,
b) Sie sind Idioten.

### Haushaltsgeld

In Ehen mit traditioneller Arbeitsteilung Gehaltsanteil jenes Partners, dem die Haushaltsführung, Kindererziehung und Ruinierung der eigenen Karriere obliegt, also in der Regel: der Frau. Betrug in früheren Jahrhunderten durchschnittlich 20-50 Stockhiebe und ist mittlerweile auf Beträge zwischen 300 und 2000 DM angewachsen. Von diesem Schotter müssen allerdings sämtliche Haushaltsausgaben bestritten werden, so daß das eigentliche Hausfrauen-„Gehalt" wesentlich geringer ist. Meist beschränkt es sich auf deftige Nörgeleien und das Recht zur kostenlosen Teilnahme an der Vortragsreihe „Das bequeme Leben eines Menschen, der nicht zur Arbeit muß, sondern den ganzen Tag zu Hause Urlaub machen kann".

### Erfahrene Ehefrauen empfehlen:

Wenn Ihr Mann ein rechter Pascha ist und glaubt, das einzige Bedürfnis seiner Frau sei das Bedürfnis nach ungewürdigter Arbeit, sollten Sie gelegentlich 'nen Tarifstreik durch-

"Geht's wieder ums Haushaltsgeld?"

## TIPS & TRICKS EHEGLÜCK

ziehen: Erfahrungsgemäß kommt auf *ein* abgeblasenes warmes Abendessen eine zweiprozentige HG-Erhöhung, die sich sogar verdoppelt, wenn Sie vorher Hähnchen mit Pommes angekündigt hatten.

### Hochzeit, silberne

Härtebeweis der Kategorie „Extremklasse". Früher war das Erreichen der silbernen Hochzeit eine Kindernummer: Scheidungsanwälte gab es meist nur in der fernen Stadt. Und ohnehin: Wer hätte sie schon bezahlen können? Außerdem nahm einen die Arbeit auf dem Felde und die Erziehung der zehn bis fünfzehn Kinder so stark in Anspruch, daß manche erst durch den Tod ihres Partners wieder daran erinnert wurden, mit welchem der zwanzig bis dreißig im Hause lebenden Familienmitglieder sie eigentlich verheiratet waren. Heute ist das anders. Anwälte gibt es wie Sand am Meer, und aufgepeitscht durch die Emanzipations- und die *Männer-wehrt-euch!*-Debatte gehen viele Ehepartner permanent aufeinander los.

 **Der Weise meint:**

**Wenn Reinhold Messner demnächst den Mount Everest mit auf dem Rücken gefesselten Händen besteigen sollte oder im Lendenschurz die Antarktis durchquert, sollte Ihnen das bestenfalls ein mildes Lächeln entlocken. Verglichen mit 25 Jahren Ehe nonstop sind das harmlose Spielchen für Mädels und Jungs, die vor lauter Langeweile nicht mehr wissen, was sie noch tun sollen.**

TIPS & TRICKS **EHEGLÜCK**

### Hochzeitstag

Höchster Festtag im Ehejahr. Die Art, in der dieser begangen wird, ist recht verschieden: Manche machen ein Faß auf, um zu feiern, andere um zu vergessen. Wieder andere setzen sich an einen Tisch – zwischen sich eine Kerze, vor sich ein Glas Wein – und studieren mit verwundertem Respekt jenen Menschen, der Ihnen nun schon wieder ein Jahr lang ein gleichwertiger Gegner war. Wie auch immer – wichtig ist jedenfalls, daß Sie den Hochzeitstag nicht vergessen. Denn passiert *Ihnen* das, können Sie sicher sein, daß es irgendwann im Tagesverlauf noch dermaßen im Ehegebälk kracht, daß Sie zumindest *diesen* Hochszeitstag nie wieder vergessen!

### Der Gesundheitsvorsorge-Tip:

**Im Prinzip ist es zwar ein Kompliment für**

**Ihre Ehe, wenn Sie an Ihrem Hochzeitstag nicht schweißgebadet aufwachen, weil Sie die Erinnerung an jenes Ereignis vor soundsoviel Jahren in schrecklichen Alpträumen heimgesucht hat, und den Hochzeitstag einfach vergessen. Die Erfahrung aber lehrt, daß der Ehepartner eine solche Vergeßlichkeit nichtsdestotrotz mit militanter Enttäuschung beantwortet.**

TIPS & TRICKS **EHEGLÜCK**

# I/J

## Interessensunterschiede

Seit Generationen erprobter, meist aus hartnäckiger Liebe gewachsener Ehesprengstoff. Zwar weiß die seit ewig und einem Tag runtergeleierte Weisheitensammlung unserer Väter davon zu berichten, daß Gegensätze sich anziehen, aber sie vergißt hinzuzufügen „... um sich hinterher um so stärker wieder abzustoßen". Natürlich muß ein Ehepaar nicht stets identische Hobbys und Wünsche haben, aber gewisse gemeinsame Grundinteressen sollten doch vorhanden sein, wenn die Ehe nicht zum Dauercatch verkommen soll. Da genügt es nicht, wenn sich das gemeinsame Interesse darauf beschränkt, eine reiche Erbtante zu vergiften oder das Standesamt, wo der ganze Trouble begann, abzufackeln.

### Der abgeklärte Rat:

**Wenn Sie beim besten Willen keine gemeinsamen Interessen und Hobbys auf die Reihe kriegen, hilft Ihnen nur noch eins: Knallen Sie in jeden der Räume, in denen Sie sich häufiger gemeinsam aufhalten, einen Fernseher, der stets eingeschaltet ist. Dann haben Sie zwar noch immer keine gemeinsamen Interessen, aber (wie viele andere „glückliche" Ehe-Gruftis auch) keine Gelegenheit mehr, es zu bemerken (siehe Fernseher).**

## TIPS & TRICKS EHEGLÜCK

### Jugendliebe

In einer fernen Stadt lebender Mensch, der leider zu früh in das eigene Leben getreten ist. Einzige Person der Welt, die mit steigendem Alter in jeder Hinsicht an Attraktivität gewinnt: So erweist sich der Ehepartner allzuoft als Mogelpackung, die sich im Laufe der Jahre in eine glatzköpfige (lockenwicklertragende) Kugel auf Beinen verwandelt, die zu Hause Schnitzel mit den Händen ißt und wie ein Teufel rumtobt, wenn die Stützstrümpfe mal verlegt sind. Die Jugendliebe hingegen bleibt ihr Leben lang ein schlanker Junge (schlankes Mädchen) mit verträumtem Blick, dessen (deren) einzige Schwachstelle vielleicht darin besteht, daß sich seine (ihre) Nase kaum von den übrigen Pickeln im Gesicht unterscheiden läßt.

### Dr. Sommer rät:

**Lassen Sie Ihre Jugendliebe, wo sie ist! Aller Wahrscheinlichkeit nach hat auch sie sich im Laufe der Zeit verändert. Und wenn nicht – um so schlimmer: Was ist von einem Menschen zu halten, der mit Dreißig, Vierzig oder Fünfzig noch immer keine anderen Themen kennt als die neue Aufklärungsserie in der „Bravo", das echt ätzende Pickelproblem oder den geeignetsten Ort fürs Flaschendrehen?**

TIPS & TRICKS **EHEGLÜCK**

# K

### Karriere

 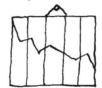

Wird von den meisten Ehefrauen auf dem Standesamt hinterlegt und dann vergessen. Kind und Karriere, das könnte ja noch gehen. Aber Ehemann und Karriere – das erfordert die Überfrau. Zwar überbieten sich viele Männer im wortreichen Gequassel über die Notwendigkeit der beruflichen Gleichstellung der Frau. Sie schwallen drauflos, daß die berufliche Benachteiligung der Frau endlich beseitigt werden müsse und die traditionelle Rollenteilung zwischen den Geschlechtern eine Verhöhnung weiblicher Kreativität und Intelligenz sei. Aber sobald's um ihre eigene Frau geht, tun sie dann doch alles, um die Fesseln an Heim und Herd möglichst stabil zu knüpfen.

### Keine Frage:

**Es gibt für einen Mann nichts Schlimmeres, als daß seine Frau beruflich erfolgreicher ist als er. Denn die Berufswelt, das ist sein Revier – frei nach Goethes Faust: „Hier bin ich Hirsch, hier darf ich's sein." Viele Männer hintertreiben die Karriere ihrer Frau daher mit allen Mitteln. Als Erfahrungswert gilt: Wenn Sie *mit* Ehemann Sekretärin geworden sind, hätten Sie's *ohne* zu deren Chefin gebracht.**

### Kinder

Lärmende, rumtobende, nervtötende, bis zum körperlichen

## TIPS & TRICKS EHEGLÜCK

und seelischen Zusammenbruch in den Wahnsinn treibende Geräuschkulisse, ohne die eine Ehe nicht glücklich ist. Fragt man nach den Gründen, weswegen der Kinderwunsch unter Eheleuten so verbreitet ist, stößt man auf die Beobachtung, daß Kinder über jene magische Eigenschaft verfügen, die alle Dinge, von denen erwachsene Menschen träumen (protziger Wagen, protziges Haus, spektakuläre Urlaubsreisen, vierschichtiges beblümtes Toilettenpapier), auszeichnet: Eigentlich benötigt man sie gar nicht. Daher muß man sie einfach wollen und tierisch liebhaben.

### Wir meinen:

**Ein Leben ohne Kinder ist die vollkommene himmlische Ruhe und dazu noch überaus billig. Andererseits: Wer so scharf auf Ruhe und Stille ist, kann auch gleich in sein Grab umziehen. Dort wohnt's sich sogar umsonst.**

### Kleidermangel

Weit verbreitetes Ehefrauenleiden, dessen richtige Behandlung umstritten ist. So schlagen Medizinerinnen vor, einen akuten Kleidermangel dadurch zu beheben, daß der Ehemann ganz einfach pausenlos neue Kleider für seine Gattin herbeischleppt. Die meisten Mediziner hingegen halten das für Humbug. Prof. Dagobert Dack von der Universitätsklinik Gießen: „Das wäre ja genauso, als würde man Alkoholsucht durch die Verabreichung von Flachmännern zu heilen versuchen." In leichten Fällen empfehlen sie als Behandlungsmethode ein längeres Aufklärungsgespräch darüber, daß Geldscheine keine Junge kriegen, sondern sauer verdient werden müssen; in hartnäckigen Fällen dagegen die umge-

"Meine Frau hatte nix anzuziehen."

## TIPS & TRICKS EHEGLÜCK

hende Bekehrung der Ehefrau zu einer Sekte, deren Anhänger den ganzen Tag über in braunen Kartoffelsäcken herumlaufen.

### Ehemänner, aufgepaßt:

**Eine weitere Möglichkeit, „Kleidermangel" zu beheben, besteht darin, sich mit anderen Ehemännern zu einer KVG (Kleidervertauschgemeinschaft) zusammenzuschließen: Einmal im Monat trifft man sich bei Neumond auf alten Friedhöfen und tauscht heimlich entwendete Kleider der Gattinnen aus. So können Sie Ihre klamottensüchtige Maus jeden Monat *kostenlos* mit einem neuen Fummel überraschen...**

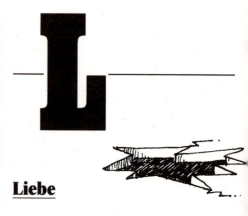

## L

### Liebe

... gehört zu jenen Phänomenen des Lebens, die so harmlos beginnen und dann so gravierende Folgen haben – wer wüßte das besser als ein altes Ehemöbel wie Sie! Heute können Sie nur noch lachen, wenn Sie daran denken, wie Sie als jugendlicher Mensch geglaubt haben, mit einer großen Portion Liebe ließen sich alle Probleme dieser Welt lösen. Wo Sie doch heute nicht einmal unter Zuhilfenahme eines Taschenrechners ein Problemchen lösen können wie jenes, welche Vorteile ein Bausparvertrag bringt und warum solche verdammten Ätzfragen für verheiratete Menschen eigentlich wichtig

# TIPS & TRICKS EHEGLÜCK

sind. Ganz zu schweigen von Ihrer Liebe, mit der allein Sie nicht einmal eine Dose geöffnet bekämen.

## Der Experten-Kommentar:

**Eine zuverlässige Ehe und der große Liebesrausch passen sowenig zusammen wie Hannelore Kohl und Reizwäsche. Dennoch ist in den meisten Ehen Liebe vorhanden, und zwar in Gestalt eines Kettenhundes, der erst dann losbellt, wenn ein fremder Hund im Garten herumschnüffelt oder Herrchen plötzlich verschwunden ist.**

## Lippenstiftspuren

Gesundheitsbarometer. Obwohl wissenschaftlich nicht erklärbar, geben Lippenstiftspuren in vielen Fällen sichere Auskunft über den allgemeinen Gesundheitszustand des betreffenden Mannes. Wichtig allerdings ist, daß sein Familienstand berücksichtigt wird. So gilt:

Lippenstiftspuren – Mann ungebunden: meist Hinweis auf eine gute Vitalität.

Lippenstiftspuren – Mann verheiratet: meist Hinweis auf in Kürze eintretende schwere Schlagwunden, Kratzspuren oder Bißverletzungen.

## Der Ehemann-Tip:

**Wenn Sie mit Lippenstiftspuren nach Hause kommen, kann Ihnen in der Regel nur noch ein Experte helfen: entweder ein Gesichtschirurg (Schlagwunden, Kratzspuren etc.) oder ein Eheberater bzw. Scheidungsanwalt (*keine* Schlagwunden, Kratzspuren etc.).**

## TIPS & TRICKS EHEGLÜCK

### Lockenwickler

Natürliches Verhütungsmittel, dessen Wirkung auf einer drastischen Potenzverringerung des Mannes beruht. In Verbindung mit anderen ähnlich funktionierenden Verhütungsmitteln (graue Wollstrumpfhose, karierte Schürze, Putzeimer, Schrubber, Holzpantinen) besonders effektiv. Da vielen Frauen die besagten Wirkungen von Lockenwicklern noch immer unbekannt sind, kann es zu bösen Mißverständnissen kommen, wenn sich die Frau „schön macht", der Mann das Endergebnis jedoch gar nicht mehr abwartet, sondern angesichts des Zwischenergebnisses in der nächsten Kneipe um Asyl bettelt.

### Der exklusive Lockenwickler-Tip:

Als Ehefrau müssen Sie ein Gespür dafür entwickeln, wann sich der

Einsatz von Lockenwicklern in Gegenwart Ihres Mannes empfiehlt und wann nicht. Ein Beispiel: Günstig ist er etwa dann, wenn Ihr Westentaschen-Casanova mit einem gewissen Funkeln in den Augen nach Hause kommt, in der Glotze aber gleich eine Liebesschnulze kommt, die Sie gerne ungestört genießen würden.

TIPS & TRICKS **EHEGLÜCK**

# M

### mein/dein

Unterscheidung, die Sie auf dem Standesamt abliefern sollten. Was bedeutet denn das „Ja!", das Sie dort in jenem Moment der Momente freudig ausrufen, schon anderes als: „Du bist der Mensch, mit dem ich fortan mein ganzes Leben teilen möchte." Sollten Sie dem widersprechen, so haben Sie die Ehe tüchtig mißverstanden: als schnell produzierenden Zulieferungsbetrieb für Scheidungsanwaltspraxen.

### Wir warnen:

**Versuchen Sie nie, Ihren Ehepartner zu**  **übervorteilen.** Wenigstens nicht in Dingen, wo der Spaß aufhört (wie bei der Dauer der morgendlichen Badezimmerbenutzung, der Füllhöhe der beim Nachtisch verwendeten Tellerchen oder der Zahl der jährlichen Schwiegermutterbesuche). Andernfalls, da können Sie sicher sein, Sie Supercleverle, wird Ihnen das Scheidungsgericht schon beibringen, was es heißt, gerecht zu teilen.

### Mode

Einzige Instanz, der sich eine Frau freiwillig unterwirft. Schrecken aller Ehemänner, die ihr Geld mit ihrer Frau teilen und deren finanzielle Verhältnisse immerhin noch so bescheiden sind, daß sie Tausendmarkscheine nicht nach Gewicht, sondern nach Anzahl

## TIPS & TRICKS **EHEGLÜCK**

vom Konto abheben. Übt ihre Herrschaft nach folgenden Leitsätzen aus:

1. Ein Kleidungsstück bleibt genau so lange modern, bis es aus den Lagerhäusern des Handels gegen ein fettes Entgelt in die Schlafzimmerschränke deutscher Ehefrauen abtransportiert wurde.

2. Ein Kleidungsstück bleibt genau so lange unmodern, bis es aus den Schlafzimmerschränken deutscher Ehefrauen kostenlos in die Lagerhallen deutscher Kleidersammler abtransportiert wurde.

### Wir meinen:

**Die Mode ist eine Erfindung verknöcherter alter Junggesellen und Jungfern, die sich dafür rächen wollen, daß sich in Ihrer Jugend kein Esel gefunden hat, der dumm genug war, sie zum Standesamt zu führen.**

### Nachbarn

Wichtige Geheimnisträger im Leben aller Ehepaare mit dünnen Wänden. Ja, die Zeiten sind hart für Ehepaare mit gesundem Temperament. Vor allem in Neubauwohnungen, deren Besitzer den gestärkten Pappdeckel als kostengünstiges Baumaterial entdeckt haben, bleibt den Nachbarn oft kein Hinternklaps verborgen. Ganz zu schweigen von wüsten Lustorgien, Schimpfduellen, Tellerwürfen und zögerlichen Mordversuchen, wie sie in einer vitalen Ehe nun einmal vorkommen. Suchen Sie sich deshalb nicht nur Ihre Wohnung, sondern auch Ihre Nachbarn sorgfältig aus.

## TIPS & TRICKS EHEGLÜCK

### Vorsicht:

**Vermeiden Sie alleinstehende alte Damen mit gut funktionierendem Gehör und weitverzweigtem Kontaktnetz! Bevorzugen Sie junge Ehepaare, über die Sie im Bedarfsfall selbst eine Akte anlegen können. Gutaussehende Junggesellen sind ebenfalls zu empfehlen, aus Jugendschutzgründen aber nur für Ehepaare ohne Kinder unter 18 Jahren.**

### Neuwagen

Übermächtiger Ehefrauen-Konkurrent. Psychologen wissen längst, daß die meisten Ehemänner ihre Affären nicht mit Frauen, sondern mit Autos haben. Gerade Neuwagen lieben sie regelmäßig mit einer Hingabe, zu der sie einer Frau gegenüber bestenfalls einmal im Leben fähig sind, nämlich im Alter zwischen ein und zwei Jahren – gegenüber ihrer Mutter. Alle Liebe lassen sie ihrer hochglanzpolierten Blechbüchse zukommen.

Wissenschaftler vermuten, daß die Potenz eines Ehemanns in den ersten Monaten nach dem Kauf eines Neuwagens jene eines kastrierten Porzellanhirschs nur geringfügig übersteigt ...

### Der abgeklärte Ehefrauen-Rat:

**Berücksichtigen Sie bei Ihrer Familienplanung nicht nur die Zeiten, in denen Ihre Fruchtbarkeit aus natürlichen Gründen bei Null liegt, sondern auch die ersten Monate nach Kauf eines Neuwagens, in denen die Fruchtbarkeit Ihres Mannes aus idiotischen Gründen bei Null liegt.**

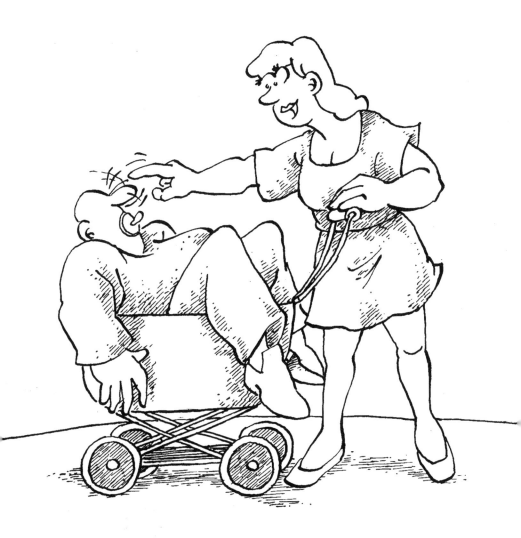

"Was'n feines Neuwägelchen..."

**TIPS & TRICKS EHEGLÜCK**

## Ordnungsliebe

Einzige Art der Liebe, die bei Ehefrauen ein Leben lang hält. Weitet sich bei besonders umtriebigen Hausteufelchen zu einem regelrechten Wahn aus, der im Ehemann, dem unweigerlichen Opfer der Ordnungstyrannei, die Frage hervorruft, ob in einer Bahnhofshalle nicht mehr Ruhe und Erholung zu finden sind als zu Hause. Zu deuten ist dieser Ehefrauen-Ordnungswahn als *Manie* (besessene Abneigung wider das Suchen), *Phobie* (panische Angst vor mißbilligenden Blicken der Schwiegermutter), zumeist aber als *Idiotie*.

### Ehemänner hergehört:

**Ein gewisses Maß an Ordnungsliebe sollten Sie bei Ihrer Frau durchaus akzeptieren, schon deshalb, weil Sie dadurch die Zahl der Haushaltsunfälle vermindern können (Ausrutschen auf herumliegenden Unterhosen, Tortenstücken oder Katzenkadavern, Stolpern über umherstehende Bücherberge oder Kleinkinder, Platznehmen auf liegengelassenen Scheren oder Gebissen).**

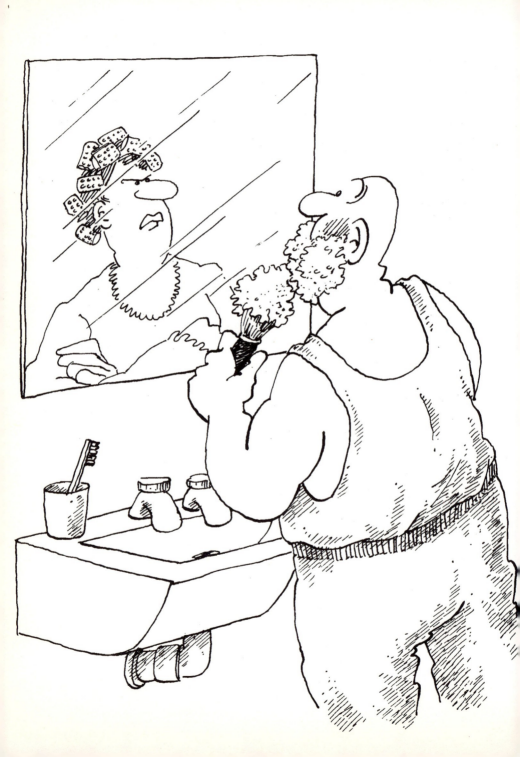

TIPS & TRICKS **EHEGLÜCK**

# P

## Perspektiven

Lasten auf einem verheirateten Menschen mitunter so schwer wie'n Bleisack. Schämen Sie sich nicht, wenn auch in Ihrem Kopf mal der Gedanke auftaucht: „Noch zehn, zwanzig, dreißig Jahre mit diesem Büffel in Hosen/dieser Zicke in Lockenwicklern... Ogottogott, warum nicht gleich in die Fremdenlegion oder in den Selbstkasteiungskreis ‚Büßerhemd und Dornenpeitsche'?" Solche Gedanken bleiben in keiner Ehe aus. Wichtig ist nur, daß sie nicht schon morgens um sieben nach dem ersten Augenaufschlag da sind, sondern erst, nachdem das Geschirr in Ihrer Wohnung anläßlich einer Meinungsverschiedenheit mal wieder Flügel bekommen hat.

## Der Eheberater fragt:

**Welche Perspektiven hätten Sie denn, wenn Sie nicht verheiratet wären? Jedes Wochenende in der Disko, Kneipe oder Konzerthalle rumbaggern bis zum Zusammenbruch und schließlich, nach unzähligen „stürmischen" Affären, die nicht mal einen gestörten Gartenzwerg befriedigt hätten, mit Sechsunddreißig dann die Panik-Heirat, egal wen, zur Not 'n entlaufenes Kasperle aus dem Puppentheater...**

## TIPS & TRICKS  EHEGLÜCK

### Ratschläge

Für gewöhnlich Spezialgebiet von Eltern und Schwiegereltern. Können vor allem dann zu 'nem echten Nerventest werden, wenn eins der beiden wandelnden Beratungsbüros gleich nebenan residiert. Erfahrungsgemäß leidet in diesem Fall am stärksten die Ehefrau unter der Schwiegermutter. Denn diese sieht in ihr häufig nichts anderes als eine wandelnde Fehlerquelle, die vom Führen eines Haushalts genausowenig versteht wie vom preiswerten Einkauf von Lebensmitteln, vom preiswerten Einkauf von Lebensmitteln genausowenig wie von Kindeserziehung und von Kindeserziehung genausoviel wie ein Hamster vom Krawattenbinden.

### Die Alt-Ehefrau rät:

**Wenn Sie andere Frauen kennen, die ähnliche Probleme haben, könnten Sie eine Schwiegertöchter-Selbsthilfegruppe gründen. Noch besser aber wäre es, Sie bringen Ihr Sahnetörtchen dazu, seiner Mutter mit Fingerspitzengefühl klarzumachen, daß der einzige Ratschlag, den Sie von ihr brauchen, der ist, wie man sie zum Schweigen bringt.**

"Zwei Wochen – OHNE Mutter!"

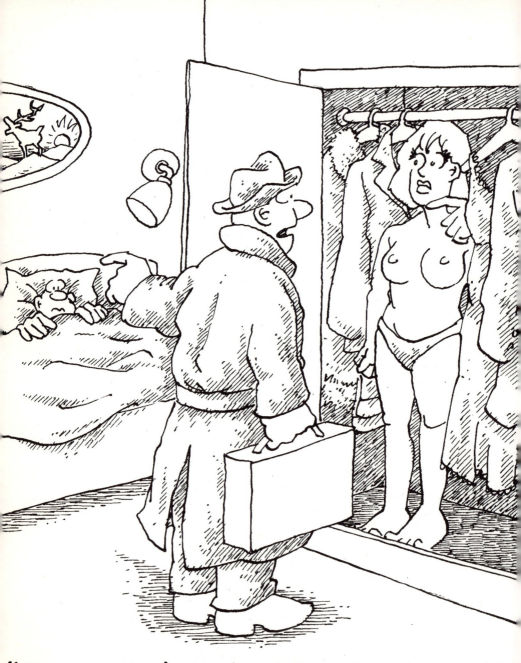

**TIPS & TRICKS EHEGLÜCK**

# S

## Scheidung

Ehe-Notausgang, vor dem heutzutage dichtes Gedränge herrscht. Zu Zeiten unserer Großväter waren Scheidungen noch eine exklusive Angelegenheit von Filmstars, die mit allen Mitteln versuchten, den Blick der Öffentlichkeit von ihren kläglichen schauspielerischen Leistungen weg auf ihr Privatleben zu lenken. Heute sind Scheidungen ein beliebter Volkssport. Viele Männer meinen, das liege an den übertriebenen Ansprüchen heutiger Frauen, die beispielsweise wie Menschen behandelt werden wollten. Diese machen dagegen das unsichtbare Affenfell des Mannes, an dem sich irgendwann jede Frau wund scheuere, für die hohen Trennungszahlen verantwortlich.

### Wir meinen:

**Beide Theorien sind zu negativ: Schuld ist das gute Herz der Deutschen, die es nicht mitansehen können, wie talentierte, arbeitswillige Anwälte Not leiden und sich statt mehrerer Ferienhäuser im Ausland nur eine mickrige Zweitvilla am Bodensee und einen kleinen Porsche leisten können.**

## Seitensprung

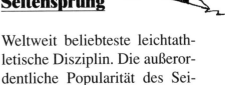

Weltweit beliebteste leichtathletische Disziplin. Die außerordentliche Popularität des Seitensprungs gründet darauf, daß er im Gegensatz zu den benachbarten Disziplinen Weitsprung, Hochsprung und Dreisprung

# TIPS & TRICKS EHEGLÜCK

keinerlei sportliche Begabung voraussetzt und bis ins höchste Lebensalter betrieben werden kann. Allerdings bringt er auch viel weniger ein. Denn während man beispielsweise mit exzellenten Hochsprüngen Millionen verdienen kann, muß sich ein erfolgreicher Seitenspringer mit wesentlich Geringerem zufriedengeben: monatelangem Beschimpftwerden, ein paar am Kopf zerschellten Tellern und – ärgstenfalls – einigen in die äußeren Gliedmaßen gefeuerten Pistolenkugeln.

## Der Ökonomie-Tip:

**Betriebswirtschaftlich gesehen sind Seitensprünge unrentabel. Bedenken Sie nur: Wochenlang baggern Sie rum, damit es endlich klappt. Dann passiert's, Sie haben fünfzehn schöne Minuten, und was bleibt? Scherenreien bis an die Ohren,**

**daß Ihnen die Nerven durchglühen, eine kaputte Ehe, womöglich ein positiver Aids-Test und das saublöde Gesülze Ihrer Schwiegermutter, die schon immer gewußt hat, daß Sie nichts taugen.**

## Sex

Form der Freizeitgestaltung, die in modernen Industriegesellschaften vorwiegend außerhalb der Ehe stattfindet. Zumindest gilt das, wenn man den regelmäßigen Umfrageergebnissen sexueller Fachzeitschriften wie *Schlüsselloch*, *St. Pauli-Magazin* oder *Bild-Zeitung* glaubt. Wenn auch Ihr Partner eine gesunde urwüchsige Gier nur noch beim Anblick jener nackten Körperteile zeigt, die in der Gastronomie als „knusprige Hähnchenschenkel" verkauft werden, haben Sie zwei Möglichkeiten. Entweder Sie finden es toll, daß Ihre tägli-

## TIPS & TRICKS EHEGLÜCK

chen Fernsehabende endlich störungsfrei verlaufen, oder Sie sinnen auf Veränderung.

### Der Erotik-Tip:

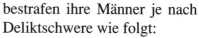

**Im zweiten Fall haben Sie eine harte Nuß zu knacken. Mit 'ner Verkleidung als Masthähnchen bringen Sie die Hormone Ihres Wienerwald-Swingers nicht in Bewegung. Schlagen Sie vor, unter notarieller Aufsicht innereheliche Keuschheit auf Lebenszeit zu vereinbaren. Denn selbst die größte Sexlusche wird Sex in der Ehe als etwas Aufregendes empfinden, sobald's verboten ist.**

### Sexentzug

Höchststrafe für schuldig gesprochene Ehemänner. Frauen bestrafen ihre Männer je nach Deliktschwere wie folgt:

a) Leichte Vergehen: Strümpfe im Wohnzimmer liegengelassen, Fußboden vollgekrümelt, über dem Eßtisch rasiert u.ä. Strafe: mittags Eintopf statt Hähnchen mit Pommes.

b) Mittlere Vergehen: Figur der Nachbarin gelobt, heimlich Nachtprogramm von RTL angesehen, über Frisur gelästert u.ä. Strafe: Schwiegermutter fürs Wochenende eingeladen.

c) Schwere Vergehen: Neue Frisur übersehen, Liebesbrief von unbekannter Frau erhalten, Hochzeitstag vergessen u.ä. Strafe: Sexentzug.

### Der raffinierte Sex-Tip:

**Sollten Sie am Ende mehr unter dem Sexentzug leiden als Ihr Ehemann, tun Sie gut daran, das nächste Mal Sexentzug *auf Bewährung* zu verhängen.**

## TIPS & TRICKS **EHEGLÜCK**

### Telefon

Wichtigstes Hilfsmittel von Managern und Ehefrauen. Von beiden allerdings unterschiedlich benutzt. So führt ein Manager an einem normalen Tag bis zu 100 Telefonate von durchschnittlich zweiminütiger Dauer, eine kinderlose Ehefrau hingegen bis zu 2 Gespräche von durchschnittlich hundertminütiger Dauer. Dabei handelt es sich typischerweise um eine kurze Mitteilung an ihre beiden besten Freundinnen, daß sie sie wegen Zeitmangels nicht schon heute, sondern erst morgen anrufen kann.

### Achtung, Ehemänner!

Lassen Sie sich ein Sondermodell „Ehefrau" herstellen. Dieses Telefonmodell sollte folgende Eigenschaften besitzen:
– Kabellänge: 5-10 cm.
– Extras: Wählscheibe, die sich zur Hauptgebührenzeit nur mit Hammer und Meißel bewegen läßt.
– Besondere Eigenschaften: funktioniert nur in ungeheizten Fluren, sendet nach fünfzehnminütiger pausenloser Nutzung Stromstöße aus, explodiert bei Auslandsgesprächen.

### Träume

Wichtige Überlebenshilfe für Verheiratete. Wie alle Menschen, die nach den Sternen ge-

## TIPS & TRICKS EHEGLÜCK

griffen und mal eben die Zimmerglühbirne erreicht haben, neigen auch Eheleute dazu, ihrem Dasein gelegentlich durch Träume eine Vitaminspritze zu geben. Paff! Und schon hat sich Ihr Mann in einen Adonis im Arztkittel verwandelt, der Sie aus Ihrem grauen Reihenhaus in eine prachtvolle Villa am Meer entführt, wo sie im samtenen Schlafgemach in einem Fernseher aus purem Gold gemeinsam die Rudi-Carrell-Show gucken. Paff! Und schon ist aus Ihrer Frau die Tochter eines reichen Brauereibesitzers geworden, der von seinem einzigen Schwiegersohn nichts weiter verlangt, als daß er ausreichend die Gerste geprüft hat, ehe er die Firma übernimmt.

strauchelten (und dazu zählen in der Regel Verheiratete) durch den harten Alltag helfen. Es ist also nichts dabei, wenn Sie gelegentlich mal von Männern in Arztkitteln oder unerschöpflichen Biervorräten träumen. Fast alle tun das. Bedenklich wird's erst, wenn Ihnen statt dessen Sportwagen mit Strapsen oder Hähnchenkeulen in knappen Tangas vors geistige Auge kommen.

**Der Tiefenpsychologe erläutert:**

**Träume sind die Krücken, mit denen sich die am Leben Ge-**

**TIPS & TRICKS EHEGLÜCK**

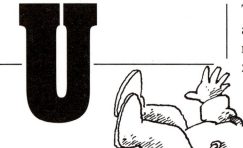

Teilnahme an einem psychoanalytischen Ehe-Selbsterfahrungskurs – der sicherste Weg zum Gatt(inn)enmord.

## Unternehmungen, gemeinsame

Frischzellenkur für jede Partnerschaft, die den gewünschten Effekt allerdings nur dann erzielt, wenn sie eine positive Stimmung hinterläßt. Geeignete Unternehmungen in diesem Sinne sind etwa Urlaubsreisen in den Süden, Tagesausflüge ins Grüne, Sportaktivitäten usw. Weniger geeignet hingegen sind Unternehmungen, die schon von ihrer Art her eher aggressionssteigernd als entspannend wirken, also z.B. Abenteuerurlaube im Stile von „Mit dem Fahrrad über den Himalaja", Ausflüge zu früheren Schulfreunden, die längst ein eigenes Haus haben, oder die

## Zugegeben:

**Es gibt auch Ehen, die am besten funktionieren, wenn die einzige Unternehmung die jährliche Absprache der gemeinsamen Steuererklärung übers Faxgerät ist und beide Ehehansel im übrigen getrennte Wege stiefeln. In Paris, Mailand, New York oder sonstwo. Aber so was klappt erfahrungsgemäß frühestens ab einem Jahreseinkommen von 500000 DM...**

**TIPS & TRICKS EHEGLÜCK**

# V

## Verschuldung

Ja, was waren das noch für Zeiten, als ein junges Paar von den Eltern bei der Hochzeit gleich eine gesunde Existenzgrundlage geschenkt bekam: große Ländereien, wenn es sich um Grafen handelte, kleinere Staaten und Völker bei Königen, immerhin noch leerstehende Waldhöhlen bei Neandertalern. Heute ist das anders. Manche Eltern haben ihr gesamtes Vermögen im Zuge aufreibender Scheidungsprozesse verpraßt, andere verfügen zwar über Häuser, aber leider Gottes dort, wo es bestenfalls Arbeitsplätze für Totengräber und Hausgeister gibt. So bleibt dem jungen Paar, das oft noch keine Ersparnisse besitzt, bei der Haushaltsgründung häufig kein anderer Weg als der der totalen Verschuldung.

 **Eheprofis meinen:**

**Unter dem Gesichtspunkt des innerehelichen Zusammenhalts betrachtet ist dies eine erfreuliche Entwicklung. Denn nichts auf der Welt schweißt zwei Menschen enger zusammen als ein gemeinsamer Schuldenberg, der so gewaltig ist, daß eine Scheidung gar nicht mehr bezahlbar wäre.**

## versöhnen

Jede Beziehung zwischen Mann und Frau ähnelt einem geheimen militärischen Testgelände: Die meiste Zeit ist's ruhig, aber hin und wieder,

69

## TIPS & TRICKS EHEGLÜCK

ohne Vorwarnung, kracht's fürchterlich. Das ist an sich aber gar nicht so schlecht. Gelegentlicher Ehezwist entschlackt, hält fit und sorgt im übrigen für die regelmäßige Entrümpelung der Wohnung von zerbrechlichen Kleingegenständen. Wichtig jedoch ist, daß auf jeden Streit auch eine Versöhnung folgt, und das wiederum hat zwei Voraussetzungen:

a) Sie haben Ihre Position nicht so vehement vertreten, daß Ihr Partner das Zimmer im Sarg verlassen hat.

b) Ihre Schwiegermutter hat nichts von dem Streit erfahren. Denn sollte sie etwas erfahren haben, würde sie versuchen, zu vermitteln, und das heißt, die Sache endet blutig oder vor Gericht.

## Die Erfahrung lehrt:

**Manche Streitigkeiten lohnen sich schon allein wegen der späteren**

**Versöhnung. Dies gilt allerdings, wie noch einmal ausdrücklich hervorgehoben werden soll, nicht für solche, die mit Hieb-, Stich-, Schußwaffen oder mit Schwiegermüttern ausgetragen werden.**

## Verwandtschaft

‚Geteiltes Leid ist halbes Leid' heißt es oft über Partnerschaften. Daß die Ehe aber Unannehmlichkeiten nicht immer nur halbiert, sondern mitunter auch verdoppelt, soll an dieser Stelle nicht verschwiegen werden. Hauptbeispiel ist die wundersame Vermehrung der Verwandtschaft im Zuge einer Heirat: Vor der Heirat hatten Sie vielleicht mal eben zwanzig Verwandte, von denen Ihnen die Hälfte eine Gänsehaut verursachte, wenn Sie nur an sie dachten. Durch geschickte Wahl des Wohnorts und ein gutes Frühwarnsystem konnten

TIPS & TRICKS **EHEGLÜCK**

Sie ihnen meist erfolgreich entfliehen. Nach der Heirat aber haben Sie plötzlich die doppelte Anzahl Verwandter mit entsprechend erhöhter Nerver-Quote. Da bietet einem schon fast nur noch das Ausland Schutz . . .

## Der Verwandten-Tip:

**Die Verpflichtung zur Übernahme einer kompletten weiteren Verwandtschaft gehört zum Kleingedruckten in jedem Ehevertrag. Da ein späterer Umtausch ausgeschlossen ist, sollten Sie die betreffenden Personen gründlich studieren, ehe Sie entscheiden, ob Sie je aus den Flitterwochen zurückkehren.**

# W

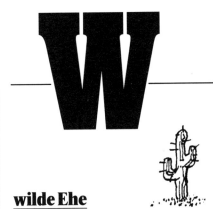

## wilde Ehe

Früher in ländlichen Gebieten grundsätzlich im Tone schärfster Mißbilligung verwendete Bezeichnung für zwei Gestalten, die dumm genug waren, ohne Trauschein zusammenzuleben. Worauf sich das Wort „wild" nun bezog – ob darauf, daß der Macker einer solchen Lebensgemeinschaft meist bärtig war und offensichtlich kein Geld für den Friseur hatte, oder darauf, daß „Ehen" dieser Art häufig im wilden Handgemenge endeten, weil im Trennungsfall kein Scheidungsgericht klärte, was wem gehörte, und jeder versuchte, zu retten, was zu retten war – das läßt sich nachträglich nicht mehr klären.

## TIPS & TRICKS **EHEGLÜCK**

### Der Duden erklärt:

**Auch in einer nach offiziellen Regeln geschlossenen Ehe geht es bisweilen „wild" zu. Das nennt man dann nicht „wilde Ehe", sondern „Krach" oder einfach „Ehealltag".**

### Wohnung einrichten

Ehebelastbarkeitstest der obersten Härteklasse. In der Tat machen wenigstens elf von zehn Ehepaaren beim Einrichten ihrer Wohnung die Erfahrung, daß ihre Geschmäcker unendlich weit voneinander entfernt sind oder – wie sie es empfinden – ihr Ehepartner in Möbelfragen den Geschmack eines Affen besitzt. Die Konsequenz: Oft ist der einzige Bestandteil der Wohnungseinrichtung, dessen Auswahl im Einvernehmen erfolgt, das Türschild. Schon bei der Fußmatte im Flur aber beginnen die Streitigkeiten . . .

### Unsere Empfehlung:

**Wenn's beim Auswählen der Möbel fetzt, daß die Funken sprühen, sollten Sie eine diplomatische Lösung wählen: Jeder stattet eine gleiche Anzahl von Räumen in völliger Eigenregie aus. Wenn es Ihnen gelingt, daß Sie das Wohnzimmer, das Schlafzimmer und die Küche einrichten, während Ihrem Partner die Besenkammer, die Duschkabine und das Aquarium verbleiben, haben Sie Verhandlungsgeschick bewiesen.**

TIPS & TRICKS **EHEGLÜCK**

## Wohnungssuche

Ist in Deutschland grundsätzlich eine Kunst, für Ehepaare mit Kindern aber ein Vorhaben, dessen Gelingen eine solide Portion Zauberei voraussetzt. Denn Umfragen zeigen immer wieder, daß Vermieter in Kindern ausschließlich im Juristenjargon eine Art „gebäudegefährdenden Lärmfaktor mit hoher Nachbarschaftsunverträglichkeit" sehen. So sind Familien mit Kindern, bei der Wohnungsvermittlung die am viertschwersten zu vermittelnde Personengruppe überhaupt. Noch schwerer vermitteln lassen sich nur Personen mit ungewöhnlichen Haustieren (Löwen, Tiger, Piranhas), Penner mit mehr als zehnjährigem Straßenjubiläum und Doppelgängerinnen von Hella von Sinnen.

**Wenn die Häusermieten in Deutschland so hoch sind, daß nur kinderlose Doppelverdiener oder Singles sie bezahlen können, ist das ausgesprochen familienfreundlich. Denn auf diese Weise bleiben für Familien mit Kindern nur kleine Wohnungen mit wenig Platz. Und das bedeutet: Ein enger Kontakt zwischen Eltern und Kindern ist Tag und Nacht garantiert!**

## Wir halten fest:

**Deutschland ist ein kinderfreundliches Land:**

## TIPS & TRICKS EHEGLÜCK

### Zettelnachricht

Alptraum aller Ehemänner. Knapper Benachrichtigungstext, durch den die moderne Frau ihrem von der Arbeit heimkehrenden Mann den Grund ihrer Abwesenheit mitteilt. Typische Zettelnachrichten klingen etwa so:
„Bin ins Kino – konnte leider nicht warten – Frühvorstellung! Dein Essen steht im Supermarkt, 4. Regal von rechts (Fertiggerichte)."
„Bin mit Peter nach Kanada durchgebrannt. Komme vermutlich Weihnachten zurück. Kauf schon mal das Geschenk. PS: Vergiß nicht, die Blumen zu gießen, den Müll rauszutragen und die Kinder großzuziehen."

### Ehemänner, aufgepaßt:

Wenn Ihre Schokoladenperle damit beginnt, ihre Pflichten durch das Bekritzeln kleiner Zettelchen auf Sie abzukarren, ist endgültig der Punkt erreicht, wo der Löwe in Ihnen sprechen muß. Wenn der in den vielen Jahren der Gefangenschaft allerdings zu einem harmlosen Kätzchen verkommen ist, müssen Sie sich damit abfinden, in Ihrer Ehe künftig die Rolle einer Fußmatte zu spielen.

© Tomus Verlag GmbH, München 1993
Alle Rechte der Verbreitung, auch durch Fernsehen, Funk, Film,
fotomechanische Wiedergabe, Bild- und Tonträger jeder Art
sowie auszugsweiser Nachdruck vorbehalten.
Satz: ConceptSatz GmbH, München
Printed in Italy by Milanostampa SPA Farigliano (CN)
1  2  3  4  5     97  96  95  94  93
Auflage         Jahr
(jeweils erste und letzte Zahl maßgeblich)

ISBN 3-8231-0943-X

**Satirische Ratgeber in Farbe**
Jeder Band hat 80 Seiten mit 16 farbigen und 30 s/w Zeichnungen.

**TOMUS-Bücher machen Spaß**